COME OTTENERE IL PRIMO LAVORO O TIROCINIO NEL MONDO DELLA FINANZA

Passi comprovati da seguire per avviare la tua carriera con l'aiuto di un insider

WAYNE WALKER

© Copyright 2019 di Wayne Walker, Tutti i diritti riservati.

Questo libro è stato scritto con l'obiettivo di fornire informazioni che siano il più possibile accurate e affidabili. Prima di intraprendere qualsiasi azione contenuta nel presente documento, dovrebbero essere consultati dei professionisti a seconda delle necessità.

La presente dichiarazione è ritenuta equa e valida sia dall'American Bar Association che dalla Committee of Publishers Association, giuridicamente vincolante in tutti gli Stati Uniti.

Inoltre, la trasmissione, la duplicazione o la riproduzione di una qualsiasi delle seguenti opere, incluse informazioni precise, saranno considerate un atto illegale, indipendentemente dal fatto che sia stata effettuate elettronicamente o a mezzo stampa. La legalità si estende alla creazione di copie secondarie o terziarie dell'opera o di una copia registrata, consentite esclusivamente con l'espresso consenso scritto dell'Editore. Tutti i diritti aggiuntivi sono riservati.

Le informazioni contenute nelle seguenti pagine devono essere considerate, in linea di massima, un resoconto veritiero e accurato dei fatti e, in quanto tali, qualsiasi disattenzione, uso o abuso delle informazioni in questione da parte del lettore renderà qualsiasi azione risultante esclusivamente di sua competenza. Non esistono scenari in cui l'editore o l'autore originale di quest'opera possa in alcun modo essere ritenuti responsabili per eventuali disagi o danni che potrebbero verificarsi dopo aver messo in atto le informazioni qui descritte.

INDICE

Introduzione: Perché Questo Libro? 5

Capitolo 1: Iniziamo Arrivando Al Punto 7

Capitolo 2: Sviluppare Un Network Nel Contesto Universitario 13

Capitolo 3: Percorsi Di Carriera Finanziaria E Impatto Della Tecnologia 21

Capitolo 4: Resume O Cv? 27

Capitolo 5: Il Colloquio 31

Capitolo 6: Alcune Note Sui Colloqui Online O Per Telefono 35

Capitolo 7: L'offerta Di Lavoro 39

Capitolo 8: Negoziare Lo Stipendio 41

Capitolo 9: Ottenere Il Massimo Dal Tirocinio O Dal Lavoro Da Studente 45

Capitolo 10: Il Primo Lavoro Dopo La Laurea 51

Capitolo 11: Implicazioni Di Vita Sociale 55

Capitolo 12: Esercizi Di Valutazione Finanziaria Gcms 59

Capitolo 13: Domande Al Candidato Nel Colloquio Finanziario 67

Capitolo 14: Risorse 77

Conclusioni 79

L'autore 81

INTRODUZIONE:
PERCHÉ QUESTO LIBRO?

La domanda a cui dovrebbe rispondere qualsiasi libro di questo tipo è: perché? A che cosa serve? Sto solo riempiendo le pagine di parole o è presente un valore chiaro che verrà fornito ai lettori. Farò a meno del momento di suspense, credo che questo libro voglia raggiungere l'obiettivo di fornire valore nel numero di pagine che sono realmente necessarie, ma senza eccessi (gli altri miei libri sono noti per arrivare subito al punto).

Nelle pagine seguenti condividerò con te un discorso diretto su ciò che è necessario per aprire la strada ad un impiego o ad una carriera nel mondo della finanza. Prediligere i discorsi diretti deriva dalla mia esperienza personale di lavoro nei settori bancario e finanziario, in diversi paesi e continenti. La cosa più importante per i lettori sono le idee che ho condiviso con studenti e neolaureati a livello mondiale. Queste idee e suggerimenti hanno portato risultati di successo. In parole povere, questo è il libro che avrei voluto fosse disponibile quando mi sono laureato all'università. I miei suggerimenti hanno funzionato per migliaia di persone, MA non sono tanto arrogante da suggerire la perfezione, poiché qualsiasi cosa o chiunque può essere migliorato.

CAPITOLO 1
INIZIAMO ARRIVANDO AL PUNTO

Il punto fondamentale per assicurarti il lavoro una volta che hai guadagnato un colloquio è quello di convincere l'azienda che sarai in grado di aiutarli a raggiungere i loro obiettivi meglio di qualsiasi altro candidato. Ti chiedo di pensarci attentamente. Devi convincerli che sei il miglior candidato per aiutarli a raggiungere i <u>loro</u> obiettivi. Un elemento talmente importante da dover essere ripetuto. Prova ad immaginare lo scenario in cui i ruoli sono invertiti, non è questo che ti aspetteresti da un candidato? La risposta dovrebbe essere un chiaro sì!

Il tuo compito quindi è quello di scoprire il più possibile quali sono gli obiettivi dell'ufficio o del manager che condurrà il colloquio o i colloqui. Per fortuna viviamo nell'era di Internet con un oceano di informazioni è disponibile gratuitamente, o quasi. Condurrai delle ricerche per ottenere quante più informazioni pertinenti possibili. Se conosci già qualcuno all'interno dell'azienda, allora possiedi l'arma segreta ideale da schierare in battaglia.

Ciò che conta davvero.

Il paragrafo precedente si riferisce al momento del colloquio, ora esamineremo invece alcuni dei passaggi da compiere per garantirti quel colloquio. L'elemento più importante consiste nel tuo network professionale, che tu conosci e che *loro conoscono.* Vorrei davvero che bastasse schioccare le dita per aggirare questo requisito. Anche non leggendo nemmeno un'altra frase presente in questo libro, assicurandoti di poter contare su questo punto sarai a metà strada verso il tuo obiettivo. Tutto ciò è ingiusto, e immagino politicamente scorretto, ma non c'è tempo per questo. Le tue relazioni giocheranno un ruolo enorme all'inizio della tua carriera, fortunatamente o meno, e continueranno a seguirti.

Prima di approfondire questo aspetto, devo chiarire che ovviamente anche i tuoi voti e la reputazione della scuola che hai frequentato giocano un ruolo importante, ma poter contare su di un buon network di contatti li batte sempre.

Comincio usando me stesso come esempio, condividerò anche esempi di studenti a cui ho insegnato provenienti da tutto il mondo, Europa, Asia, Stati Uniti, ecc. Il collegamento comune alla maggior parte dei loro successi o sfide che gli hanno assicurato quel lavoro iniziale è appunto il loro network.

Il mio viaggio: per ottenere il mio primo lavoro a New York City è stata importante l'influenza dalle persone che conoscevo nel settore. I primi lavori nel mondo bancario che sono riuscito ad ottenere in Europa provenivano da consigli di amici. I suggerimenti erano talmente buoni che uno dei lavori prevedeva una situazione di colloquio-intervista, ormai diventate più comuni. Il colloquio-intervista significa che, invece di un colloquio tradizionale, semplicemente parlerai della possibilità che esista un incontro mentale tra te e il tuo potenziale datore di lavoro.

La mia situazione era unica? Assolutamente no! Farò ora riferimento ad un panel di relatori internazionali al quale ho partecipato alcuni anni fa. Nel panel abbiamo avuto tutti l'opportunità di descrivere brevemente il processo che ci ha portato ad ottenere il nostro lavoro. La maggior parte era arrivato in quella posizione sostenendo un colloquio-intervista. Per proteggere le proprie posizioni si trattava fondamentalmente di portare avanti una discussione con qualcuno che già conoscevano, perché all'interno del proprio network di conoscenze.

Chi è più cinico potrebbe pensare, beh Wayne questa è stata una buona opportunità per te e per gli altri professionisti esperti; ma che dire di noi studenti? Anche se in linea di principio sei d'accordo con quello che ho scritto, in realtà potresti chiederti cosa potresti offrire dato che sei "solo uno studente?". La mia opinione è che chiunque sottovaluti il network di uno studente universitario rischi di perdere molte opportunità. Per la mia azienda, i risultati correlati alle reti sociali di chi è "solo uno studente" sono stati fantastici. Dagli accordi internazionali ai partner di formazione online, ai clienti privati e molto altro; l'elenco è davvero lungo.

Alcuni suggerimenti: come studente HAI qualcosa da offrire. In molti casi hai conoscenza della tecnologia e delle tendenze più recenti, che sono sempre un bene prezioso. Un altro punto fondamentale è che ti laureerai, quindi la tua situazione e le tue possibilità cambieranno. Anche come studente, il tuo network esistente è probabilmente più prezioso di quanto tu possa credere. Qualsiasi professionista o azienda intelligente dovrebbe essere consapevole del fatto che gli studenti non si limitano a cadere dal cielo; non si può mai essere sicuri di chi siano gli amici, i genitori o i parenti di questi studenti.

Conclusione

Dalla mia esperienza nel mondo reale pensando ai molti studenti di finanza a livello globale, la linea di fondo che gli ha garantito la maggior parte del lavoro aveva a che fare con qualcuno facente parte del loro network. E in alcuni casi ero io a condividere il mio network con loro.

CAPITOLO 2
SVILUPPARE UN NETWORK NEL CONTESTO UNIVERSITARIO

Sarebbe una vera delusione proporti un grande affare sul valore del tuo network senza metterti a disposizione allo stesso tempo alcuni passaggi su come realizzarlo. Come studente, i tuoi primi passi iniziano all'università. Cerca di unirti a qualsiasi gruppo finanziario o club che ti interessa, e il più velocemente possibile. L'obiettivo finale è quello di iniziare il processo di costruzione di un network professionale. Imparerai anche molte cose nuove, ma alla fine l'obiettivo è l'espansione del tuo network. Ad esempio, in Europa sono presenti alcuni club studenteschi molto popolari e professionali. Ho lavorato con molti di loro; ad esempio, all'Università di Groningen nei Paesi Bassi i dirigenti del club non seguono le lezioni per tutto il tempo in cui sono alla guida del club. In altre parole, si tratta di un lavoro a tempo pieno. Questo per farti capire quanto possano essere seri certi gruppi.

I diversi club organizzano lezioni pratiche su vari argomenti, che in alcune occasioni ho tenuto anche io stesso. Spesso vengono anche organizzate serate da passare in compagnia. In una serata aziendale di questo tipo le banche e altri enti organizzano delle cene in cui gli studenti possono incontrare lo staff e cercare di inserirsi loro stessi in questi network per stage estivi e primi lavori. Molte, ma non tutte, le serate di networking prevedono una soglia media dei voti; quindi avrai bisogno di buoni voti per partecipare.

Leadership

Ora che sei all'interno del gruppo, il passo successivo è quello di andare oltre l'essere un membro senza volto, uscire dalla massa e candidarti per una posizione di leadership. Ciò ti darà l'opportunità di esercitarti a muoverti rimanendo nell'ambiente sicuro della scuola. Se commetti un errore che problema c'è? Tutto ti sarà perdonato perché sei uno studente. È meglio commettere errori aziendali nell'ambiente sicuro della scuola che non nella vita professionale.

In molti casi, le tue capacità di parlare in pubblico miglioreranno notevolmente. Una nota sul parlare in pubblico: fai pratica con questa abilità il più spesso possibile, uno dei migliori ROI del tuo tempo passato a scuola.

Ok, torniamo all'argomento leadership; con un ruolo di primo piano puoi massimizzare e potenziare le tue opportunità di networking. Sarai il punto di contatto per tutte le aziende e i partner esterni. Ciò potrebbe anche portare alla creazione di contatti con altri club aziendali o finanziari di altre università ed espandere ulteriormente il tuo network! Ovviamente si tratta di un elemento perfetto per il tuo resume/CV, e ti aiuterà a distinguerti nel campo spesso affollato di concorrenti.

Attività pratiche

Che tu sia o meno socio del club, assicurati quanto prima e quanto più possibile una formazione pratica in qualsiasi area finanziaria di tuo interesse. Più la formazione è pratica, meglio è. Ricorda: all'università avrai a che fare con tonnellate di teoria, quindi nel tuo tempo libero non è un qualcosa di necessario. Le competenze pratiche ti aiutano ad emergere nel processo di selezione per stage o lavori. Un altro vantaggio di queste lezioni pratiche è che puoi entrare in contatto con studenti che la pensano come te e potrete così aiutarvi a vicenda nel processo.

LinkedIn

Crea il prima possibile un account LinkedIn e mantienilo. Si tratta dello strumento preferito del networking aziendale. Escludi la foto profilo di te in una gara di bevute di birra e aggiungi invece un'immagine che ti mostri come persona che sta avanzando nel suo percorso di vita. Da qui puoi iniziare a creare collegamenti con le persone che fanno parte delle aziende che più ti interessano, e in particolare con gli ex studenti della tua università. Piccolo accorgimento, cercare un collegamento con qualcuno e il giorno dopo chiedere subito dei favori è considerato di pessimo gusto. Quella persona probabilmente ti bloccherà o ti ignorerà. Un altro elemento da considerare del viaggio nella costruzione di un network è quello di iniziare il processo molto prima che sia necessario utilizzarlo.

Cosa studiare?

Una delle domande più popolari che ricevo dagli studenti è "quanto è importante ciò in cui mi specializzo?". La risposta rapida è che il tipo di specializzazione è importante, ma non deve diventare un rompicapo. Finché esiste una base di classi che includa un mix di economia, finanza, statistica, ecc. allora hai fatto la scelta giusta. Quando lavoravo negli uffici di assunzione, ho reclutato anche specialisti in storia; la cosa più importante per me era l'interesse e l'atteggiamento della persona. Anche avere un forte background finanziario NON è un male. Molte aziende e banche dispongono di un proprio programma di formazione, e ti insegneranno molto di ciò che devi sapere.

Per essere realistici, la storia o la letteratura aumenteranno le loro possibilità di avere uno stage in una banca, o avere un conto demo trading come prova del loro interesse per esempio nel trading. Se ad esempio hai l'obiettivo specifico di diventare un contabile, le lezioni si concentreranno fortemente su quell'argomento.

Criptovalute e blockchain

Al momento della stesura di questo libro, le criptovalute e la tecnologia blockchain sono tra di noi. Entrambi sono ancora relativamente nuovi e sarebbe opportuno apprenderne e comprenderne i principi fondamentali. Per chi non lo sapesse, la blockchain è la tecnologia alla base delle criptovalute. Questa non è un'opinione sulla tecnologia, ma se stai consigliando i clienti, anche se un prodotto non ti piace personalmente potresti comunque essere tenuto a conoscerlo.

Lingue

Al di fuori delle lezioni di business, una delle cose a cui dovresti dedicare del tempo sono le abilità linguistiche. Probabilmente questo vale di più per gli studenti degli Stati Uniti, le cui competenze in lingua straniera, in generale, non sono forti come quelle di europei e altri. La stragrande maggioranza degli studenti a cui insegno in Europa ha una conoscenza fluente o quasi di un minimo di 2 o 3 lingue, non così tanto per gli studenti degli Stati Uniti. Più lingue, più opportunità per te: è semplice.

Le lingue che hanno un comprovato ritorno sull'investimento? L'inglese è il vincitore, dato che molti la definiscono come la lingua del denaro. Se lavori in un team di trading, gestione patrimoniale privata e aree correlate, arabo, russo, tedesco o mandarino saranno dei biglietti da visita da mostrare assolutamente. È vero che molti di questi clienti parlano inglese, ma come molti altri nel mondo preferiscono fare affari nella loro lingua madre, soprattutto se si tratta di soldi.

Dai miei anni di esperienza nella gestione di trader di valuta estera, i team del Medio Oriente, della Russia e dell'Asia registrano da sempre grandi volumi di trading. Ai loro clienti piace l'attività e ciò è sicuramente positivo per il bonus del team. Per i team di gestione patrimoniale la nuova ricchezza nel mondo proviene molto dai mercati emergenti, quindi conoscere queste lingue è un vantaggio.

La reputazione della tua scuola

La reputazione della tua scuola è importante, ma <u>non</u> così tanto come alcuni cercheranno di farlo sembrare. Scegli la scuola giusta per te, nel senso quella in cui ti senti più a tuo agio. Come si dice spesso, "vai dove sei celebrato e non dove sei tollerato". Trascorrere dai 3 ai 6 anni in un posto che odi non è poi così allettante. La reputazione della tua scuola avrà un ruolo nella decisione di una banca o di un'azienda, che potrebbe voler valutare la tua carriera nel suo complesso. Ma se hai costruito i tuoi contatti durante il tuo periodo all'università, la reputazione della tua scuola sarà comunque al secondo o terzo posto in termini di importanza per quanto riguarda l'ottenimento di un lavoro.

CAPITOLO 3
PERCORSI DI CARRIERA FINANZIARIA E IMPATTO DELLA TECNOLOGIA

Da dove iniziare la tua carriera nella finanza? Molto dipende dal tuo interesse. La personalità più estroversa potrebbe trovarsi bene a cominciare dalle vendite, mentre un soggetto più cerebrale potrebbe voler partire dalle opzioni o dal trading algoritmico. È importante tenere presente che molte delle posizioni richiedono una specializzazione, quindi una volta che sei dentro lo sei per davvero.

Investment Banking

Questi sono alcuni dei lavori che vedi spesso nei film. Azione, glamour, denaro e orari interminabili. Dove finisci, ancora una volta, dipende dal tuo interesse e dalla tua attitudine. Potresti essere su un trading desk mentre effettui operazioni su forex o sulle opzioni. Potrebbe anche includere la fornitura di consulenza commerciale ad individui e società con un elevato patrimonio netto. Molte società di investment banking sono suddivise in divisioni e regioni. Ciò offre inoltre molte opportunità per diventare internazionali, se lo desideri.

Commercial Banking

Il Commercial Banking è ciò che viene riconosciuto dalla maggior parte delle persone quando si parla di operazioni bancarie. Questo potrebbe includere anche la tua banca locale per prestiti e mutui. Qui è dove andrai se preferisci l'atmosfera locale di un direttore di filiale o un'ufficiale di prestito.

Financial Planning

Financial Planning e gestori patrimoniali privati lavorano con clienti privati per pianificare il modo migliore per soddisfare i loro obiettivi finanziari. Ciò potrebbe includere la pianificazione fiscale o le strategie di investimento, solo per citarne alcuni.

Private Equity

I team di private equity lavorano per trovare capitali per le aziende, ad esempio in seguito ad un'espansione regionale o globale. Possono anche essere coinvolti in ristrutturazioni aziendali o in acquisizioni.

Finanza Aziendale

La finanza aziendale potrebbe comportare il lavoro con fusioni e acquisizioni, la preparazione di bilanci o il rapporto con revisori esterni.

Hedge Fund

Gli hedge fund sono fondi di investimento privati in cui i gestori hanno molta libertà su come e cosa investire o effettuare operazioni di trading. Possono utilizzare la leva finanziaria, i derivati e lo shorting sul mercato. Si tratta di lavori che potremmo definire caldi e, non sorprende, la concorrenza è molto intensa. Alcune delle possibili posizioni in hedge fund includono trader, gestori di portafoglio, analisti quantitativi e altro.

Prepararsi per il futuro (L'impatto della tecnologia)

La finanza è una delle aree che ha subito l'influenza dalla tecnologia, e continuerà ad esserlo. Sarebbe un disservizio per te se ignorassimo o trascurassimo questo argomento.

Quando ho iniziato nel campo della finanza, presso la banca in cui lavoravo i tecnici erano visti solo come una spesa. Negli ultimi anni c'è stato un notevole cambiamento mentale all'interno del settore, che ora fa parte del front office (dove si fanno i soldi). Quants e programmatori dovrebbero far parte del team per aumentare i ricavi.

Innanzitutto, puoi contare sul trading algoritmico (algos), che è un metodo per eseguire operazioni utilizzando istruzioni di trading pre-programmate automatiche che tengono conto di variabili come prezzo, tempo e volume. Questo viene a volte indicato come black box trading.
Oltre ad effettuare operazioni enormi, gli algoritmi sono in grado di valutare le attività più velocemente degli umani, il che può essere una minaccia per alcuni team di opzioni o obbligazioni.

Poi ci sono i robo-advisor, qui è dove i clienti bancari possono ottenere consigli finanziari o informazioni di trading con poca o nessuna interazione umana. Gli advisor sono gestiti da algoritmi.

Impatto sul lavoro

Per quanto riguarda l'impatto sul ruolo dei banchieri e degli specialisti finanziari, significa semplicemente che d'ora in poi *non* sarà sufficiente avere competenze di base. Avrai bisogno di ricevere una formazione extra al di fuori di ciò che viene tipicamente offerto in molte università. Ad esempio, abilità di programmazione come MQL4, Python o C++. Nella sezione di riferimento di questo libro troverai alcuni libri suggeriti che possono aiutarti ulteriormente su questi argomenti.

Ciò che gli esperti professionisti vedono anche come l'influenza a breve termine delle nuove tecnologie è che ci sarà meno attenzione o meno tempo dedicato alle attività di routine. Un altro modo per vederlo è che la tecnologia non eliminerà i trader o i gestori patrimoniali, ma consentirà loro di ottenere prestazioni ad un livello più alto e di diventare più produttivi. Ad esempio, con l'IA (Intelligenza Artificiale) scatenata, puoi identificare i tuoi clienti con prestazioni inferiori ma più velocemente o essere avvisato di opportunità di investimento trascurate.

CAPITOLO 4
RESUME O CV?

Parliamo un po' delle differenze. Quelle più evidenti sono nella lunghezza e nello scopo. Un resume è una breve istantanea delle tue capacità ed esperienze e un CV è più dettagliato. Il tuo resume solitamente è composto solo da una pagina o al massimo due. Un CV in teoria potrebbe contenere dalle quattro alle sei pagine. Il luogo in cui ti trovi nel mondo determinerà la scelta migliore per te. Il resume è più comune negli Stati Uniti, il CV invece è la norma in Europa, Asia e Medio Oriente.

Qualunque sia il formato scelto, ti suggerisco di mantenerlo su un massimo di due pagine e di inserire soltanto ciò che è più rilevante per la posizione che stai cercando. Come persona che ha avuto a che fare con una buona quantità di colloqui e assunzioni, posso dirti che raramente leggo più di una pagina o due. Semplicemente sono sempre stato troppo impegnato, come molti altri manager e leader di ogni luogo del mondo. Quello che vogliamo è solo arrivare al punto: puoi aiutarci a raggiungere i nostri obiettivi?

Devi includere le basi: il tuo nome, indirizzo, ecc. In Europa, soprattutto nel Nord Europa, molte persone inseriscono una foto accanto all'anno di nascita. A seconda del paese, le foto e le date di nascita potrebbero essere considerate un qualcosa di un po' sopra alle righe. Oltre alle basi sopra menzionate, dovresti mettere in evidenza qualsiasi attività retribuita o non che hai svolto e che risulti rilevante per la posizione.

Qualche parola anche sulle tue posizioni lavorative per così dire meno glamour, ad esempio se hai lavorato come cameriere, domestica, ecc. ; mentre a scuola puoi sentirti libero di parlarne. Queste posizioni mostrano che disponi di una buona etica del lavoro così come qualsiasi altra. Tieni presente che anche le persone che si occupano dei colloqui hanno svolto vari lavori all'università. Il lavoro estivo che avevo prima di iniziare l'università includeva il taglio dei prati sotto il sole cocente! E non ho mai avuto problemi a trovare lavoro per aver inserito questa informazione. Più tardi nel corso della mia vita, sono stato anche un "extra" o un membro del cast di supporto alla Danish Royal Opera. Non mi candido più per un lavoro, ma quando le persone mi contattano per consulenze su progetti o per career coaching, con mia sorpresa una delle prime cose che mi viene chiesta è qual è il mio lavoro. Qualsiasi azienda che non ti assumerà solo perché hai pulito delle stanze, probabilmente è composta da persone con cui non vorresti passare molto tempo. Ricorda che tu stai facendo un colloquio all'azienda tanto quanto loro lo stanno facendo a te.

CV non richiesti

Se credi che un'azienda abbia delle opportunità irresistibili per il tuo futuro, non devi aspettare di il recruiting ufficiale. Se credono che le tue proposte di valore per aiutarli a raggiungere i loro obiettivi siano valide, le loro porte si apriranno. O per lo meno sarai una persona a cui faranno riferimento nel momento in cui ci sarà un opening. Non ci sono lati negativi nella tua iniziativa di fare un passo avanti.

Sistemi di Monitoraggio dei Candidati

Esaminiamo ora la tecnologia che molti di voi si troveranno a dover affrontare nella ricerca di un lavoro. Per le grandi aziende di molti settori, è ormai pratica quasi comune quella di implementare le tecniche di Sistemi di Monitoraggio dei Candidati (Applicant Tracking Systems - ATS), e il mondo della finanza non è diverso. Questi sistemi funzionano scansionando CV e resume per parole chiave e frasi. Quindi ciò garantirà che solo i candidati più qualificati possano avanzare nel processo di ricerca del lavoro. Purtroppo non è sempre così.

Ora mi chiedo quante persone qualificate siano state tralasciate semplicemente perché non hanno categorizzato i propri resume con parole chiave sufficienti. In questo caso devi sperare di arrivare ad avere un tuo network. Se questo network è già abbastanza potente, puoi anche pensare di saltare questo passaggio.

Lettera di presentazione

La tua lettera di presentazione è un altro passo importante nella ricerca di lavoro. Qui il tuo obiettivo è attirare abbastanza l'interesse del lettore in modo da convincerlo a dar una seconda occhiata al tuo CV e, si spera, chiamarti per un colloquio. Dovrai includere le motivazioni per cui sei interessato a quella posizione e perché dovrebbero chiamarti per quel colloquio.

CAPITOLO 5
IL COLLOQUIO

Sei finalmente arrivato al momento cruciale: se sei arrivato al colloquio le tue possibilità di ottenere quel lavoro sono ragionevolmente buone. Se avessero pensato che non avresti avuto alcuna possibilità, non saresti arrivato così lontano.

La chiave per avere successo in un colloquio è la preparazione. Sei preparato quando conosci l'azienda, dove si trova in quel momento e qual è la sua visione futura. Quindi diventerai più dettagliato e scoprirai qual è il ruolo per il quale sei stavo valutato nel quadro generale dell'azienda. Devi sempre tenere a mente cos'è che motiva l'altra parte (l'esaminatore). Il processo di preparazione includerà anche quanta più pratica possibile nel rispondere alle domande comuni del colloquio. Questo ti aiuterà a presentarti con una presentazione più raffinata. In uno dei capitoli successivi troverai una raccolta di queste domande di esempio.

Come accennato in precedenza, devi convincere l'esaminatore che sei la persona migliore per aiutarlo a raggiungere i suoi obiettivi. Puoi raggiungere ciò proiettando un'immagine di fiducia, e otterrai questa fiducia se ti mostri preparato. Molti studi rivelano che la decisione se sei o meno giusto per quella posizione viene presa entro i primi cinque minuti, quindi la tua energia piena di fiducia deve espandersi in tutta la stanza.

Di norma ascolterai più di quanto parlerai, ma se ti chiedono se hai domande dovresti averne pronto un elenco sulla posizione e sull'azienda. Non avere domande quando arrivi a questa parte del colloquio non sarà un punto a tuo favore. Ad esempio, la tua domanda potrebbe essere quella di voler ottenere maggiori informazioni sulla progressione di carriera tipica per la posizione per la quale ti stai candidando.

Le mie parole conclusive per il tema del colloquio

L'elemento fondamentale che ricercavo durante i colloqui era se ci fosse o meno una corrispondenza tra il CV e la persona che si trovava di fronte a me. Qualsiasi candidato che ha affermato "Ho una passione" ma non mi ha mostrato nessuna prova di ciò, di solito non si è presentato come un soggetto all'altezza. Se hai una "passione per il trading" devi portare molte prove a dimostrazione di questa affermazione, ad esempio l'aver affrontato una formazione extra o seguito lezioni al di fuori di quelle obbligatorie per il tuo corso di laurea. Facevi parte di un club finanziario? Avevi un conto demo di trading? Questi sono gli elementi che portano l'allineamento tra il CV e la persona.

CAPITOLO 6
ALCUNE NOTE SUI COLLOQUI ONLINE O PER TELEFONO

Ricevo spesso domande su come affrontare un colloquio telefonico. Oggi i colloqui telefonici o online sono molto comuni, per questo è necessario preparare una strategia. La buona notizia è che potrai utilizzare la maggior parte dei suggerimenti che abbiamo trattato per il colloquio di persona. Tuttavia, le tue capacità di ascolto dovranno salire di livello dato che non puoi vedere l'esaminatore.

La preparazione è fondamentale, proprio come con il colloquio di persona. Per condurre la chiamata avrai bisogno di un'area tranquilla, priva di TV, sottofondo o rumori della strada. Un altro elemento importante è avere con sé un blocco per appunti o un taccuino. È importante per prendere appunti su numeri o fatti chiave discussi a cui vorresti fare riferimento in seguito alla chiamata. Ciò ti eviterà anche di dover chiedere che le cose vengano ripetute e dare quindi un'impressione maggiormente professionale.

Molte persone, me compreso, sembrano ottenere risultati migliori in questo tipo di colloqui. Un altro suggerimento che ha funzionato per molti è quello di vestirsi come se, o quasi come se, fossi ad un colloquio di persona. Hai letto bene, devi vestirti proprio come se fossi lì; è stato dimostrato che ciò fornisce una vera spinta mentale. Proprio nello stesso modo in cui il tuo vestiario può influenzare il modo in cui ti comporti o ti esponi in molte altre aree della tua vita.

Un consiglio che deriva dai miei molti anni del parlare in pubblico, e che dovrebbe fornire un vantaggio in più per te: prima del colloquio dovresti bere una buona quantità di acqua per lubrificare la gola. Non c'è bisogno di esagerare, solo qualche bicchiere prima e poi tieni un bicchiere o una bottiglietta d'acqua vicino a te per il colloquio.

Se devi affrontare un colloquio online, ovviamente devi avere una solida connessione Internet e tutti i tuoi gadget tecnologici devo essere completamente caricati e controllati prima del colloquio.

CAPITOLO 7
L'OFFERTA DI LAVORO

Buone notizie! Hai ottenuto l'offerta di lavoro per cui hai lavorato così duramente. Il primo passo è assicurarsi che le basi siano corrette, e che la posizione e lo stipendio corrispondano a ciò che avevi in mente. A seconda della posizione, l'offerta verrà effettuata per telefono e poi seguita da una comunicazione per posta o email. Potrai perfezionare immediatamente eventuali discrepanze e poi continuare con i passaggi successivi. Se non sei sicuro, dovresti essere consapevole del fatto che un'offerta di lavoro e l'eventuale accettazione per telefono sono legalmente vincolanti.

Controlla attentamente se questa è l'azienda per cui vuoi veramente lavorare, esamina di nuovo i pro e i contro. Se hai il simpatico "problema" di stare valutando diverse offerte di lavoro, chiedi più tempo per prendere una decisione adeguata. Ad ogni modo, sii realistico e attento; di certo non è consigliabile impiegare settimane per decidere.

CAPITOLO 8
NEGOZIARE LO STIPENDIO

Come stagista, lo stipendio non è la tua priorità assoluta. Le priorità sono acquisire esperienza e costruire un tuo network. Per un neolaureato o in procinto di esserlo, non è ancora la priorità assoluta ma ha una sua importanza. Come laureato, non sei più uno studente e non dovresti accontentarti di un pagamento insufficiente. In caso di dubbi, è perfettamente lecito chiedere quale sia la fascia di stipendio corrispondente per la tua posizione. In base alle altre abilità extra che possiedi (lingue straniere, programmazione, ecc.) puoi ovviamente chiedere di essere posizionato in una fascia più alta.

Flessibilità

I neolaureati sono spesso sorpresi di quanta flessibilità ci sia negli stipendi. Non è insolito o inusuale trovare stipendi molto diversi per chi svolge lavori identici nella stessa azienda. Ciò può dipendere dall'anzianità acquisita in quel ruolo, dalle conoscenze, dalla rigidità nel mercato del lavoro o dalla loro stessa assertività. Ricorda il vecchio detto "la bocca aperta si fa nutrire". Come molti dovrebbero sapere, il tuo stipendio è solo *uno* degli aspetti del tuo compenso complessivo. È necessario essere consapevoli di quali altri vantaggi o benefici sono disponibili. Se l'impresa è generosa, ad esempio, nel sponsorizzare un'ulteriore istruzione o formazione esterna, un salario iniziale più basso potrebbe essere trascurabile all'interno di un quadro più ampio. Mentre sali i gradini della scala aziendale, ti suggerisco di diminuire la tua flessibilità con il tema dello stipendio.

Valore vs. Ore

Lavorare professionalmente nel settore bancario raramente implica essere pagati a ore. È vero che esistono delle linee guida a seconda dei diversi paesi, ma in generale i trader e i banchieri che si occupano di investimento lavorano dalle 40 alle 60 ore a settimana. Vorrei consigliarti all'inizio della tua carriera di concentrarti sul *valore* che offri ad un team rispetto alle ore impiegate. C'è una *grande* differenza tra essere pieno di lavoro ed essere produttivo. Spero che questa vecchia pratica di accumulare una quantità folle di ore stia uscendo dalle pratiche comuni come la tendenza agli aperitivi degli anni '90.

In uno dei team che gestivo lavorava una mamma con un bambino piccolo che frequentava la scuola; non sarebbe entrata presto a lavoro per poter accompagnare il figlio a scuola ogni giorno. Quando è entrata a far parte del team si è avvicinata a me per parlare delle sue necessità. Onestamente all'inizio ero titubante, ma lei mi ha promesso un lavoro eccezionale. In conclusione si è rivelata il membro del team più produttivo, e non dovrebbe sorprendere il fatto che le abbia anche riservato il bonus più sostanzioso del nostro team. In realtà, ha guadagnato più soldi di me.

Qualsiasi manager serio si concentrerà sul valore che porti con te, piuttosto che su quante ore trascorri in ufficio. Si tratta di qualcosa che dovresti sempre tenere a mente, specialmente quando si tratta di stipendio o bonus.

CAPITOLO 9
OTTENERE IL MASSIMO DAL TIROCINIO O DAL LAVORO DA STUDENTE

Congratulazioni, ora hai il tuo tirocinio! Esaminiamo ora come massimizzare il tempo che passerai in questa posizione. L'obiettivo più ovvio è quello di cercare di imparare più che puoi. Soprattutto prestando attenzione a quali tipi di comportamenti vengono premiati e quali invece vengono puniti. Durante tutto questo processo, devi mantenere una mente aperta il più possibile e assorbire le informazioni. Avere una mente aperta significa anche essere aperti a fare cose che non rientrano esattamente nella descrizione del tuo lavoro. Ad esempio, nel team di trading di cui facevo parte c'era uno stagista che grazie alle sue competenze linguistiche ci ha aiutato alcune volte nell'effettuare operazioni di trading. Non faceva parte del suo lavoro, ma era aperto ad apprendere cose nuove e noi gli abbiamo fornito una formazione extra. Per evitare malintesi, questa apertura non dà il via libera a comportamenti <u>non</u> etici.

In conclusione, uno stage è troppo in basso nel processo di esplorazione della carriera per definire esattamente ciò che vorrai fare come primo lavoro dopo la laurea.

Fiducia

Come stagista o studente dipendente sei considerato parte del team, ma in realtà sei ancora un po' un outsider. Questo lo so perché ho lavorato con alcuni stagisti nei team che ho gestito. In alcuni casi, abbastanza stranamente, le persone potrebbero condividere o confessarti cose di cui non parlerebbero con altri membri regolari del team. Questo perché come stagista ti trovi in una categoria protetta, i tuoi errori saranno perdonati molto più velocemente e più facilmente rispetto ad altri. L'unico errore che NON sarà perdonato è quello di condividere, senza autorizzazione, qualsiasi informazione riservata alla quale hai avuto accesso. Fondamentalmente avrai infranto la loro fiducia e i tuoi giorni rimanenti come stagista potrebbero anche rivelarsi un inferno in terra.

Market Making

Alla domanda su quale sia uno dei migliori dipartimenti o team a cui unirsi se il tuo interesse è nel trading o nella divisione dei mercati bancari, cito spesso il market making. Qui è dove imparerai molto sul trading interbancario e otterrai informazioni approfondite sul funzionamento di un order book. Una formazione di questo tipo ti fornirà una solida base per quasi tutti gli altri dipartimenti in cui potrai essere inserito in seguito. I market maker che conosco sono diventati capi di divisioni commerciali, amministratori delegati di broker di medie dimensioni e addirittura capi vendite.

Networking per stagisti

Durante la tua esperienza di stagista il tuo obiettivo, dopo aver appreso le abilità pratiche, sarà ovviamente quello di creare un network e iniziare a costruire contatti professionali. Queste sono le persone che ti consiglieranno per un altro stage o ti daranno un contatto con le persone che gestiscono nuovi corsi di laurea. Per esperienza personale, molti dei nuovi trader assunti erano spesso stati impiegati in precedenza come stagisti estivi o invernali. Il feedback degli studenti a cui ho insegnato nelle classi GCMS è che molti hanno avuto il loro primo lavoro grazie a collegamenti che si erano creati grazie a uno stage.

Una cosa da tenere a mente è che chi lavora nel campo della finanza si muove molto, tra aziende e paesi diversi. E anche se la finanza e l'investment banking sono globali, in realtà ci conosciamo molto più di quanto potreste pensare come osservatori esterni. Questo è un altro motivo che ti dovrebbe spingere a proteggere la tua reputazione, così come faresti con la tua vita privata. L'amico o il nemico che ti sei creato in una banca potrebbe aspettarti al varco dal tuo prossimo datore di lavoro come collega, capo o capo del tuo capo!

Differenze di Network tra Europa e Stati Uniti

Fortunatamente le differenze non sono così ampie; ma allo stesso tempo sono i particolari che contano. L'importanza di essere prima di tutto al servizio degli altri e di stabilire collegamenti PRIMA di averne bisogno rimane la stessa.

In America, avvicinarsi a sconosciuti e creare un network non è un grosso problema e a New York City, dove ho trascorso gran parte della mia carriera, è quasi scontato. In Europa, specialmente nel Nord Europa (Norvegia, Svezia, Danimarca, Finlandia) le persone potrebbero considerare questo come un comportamento aggressivo. A Londra le cose sono un po' più simili allo stile newyorkese ma con un modo di approcciarsi un po' più morbido, che varia comunque a seconda della tua cerchia. Pertanto, gli americani che si trovano in Europa dovrebbero considerare di attenuare un po' il loro modo di fare newyorkese. Per i miei lettori europei, quando si tratta di persone provenienti dagli Stati Uniti ricordate il vecchio proverbio "la bocca aperta si fa nutrire!"

CAPITOLO 10
IL PRIMO LAVORO DOPO LA LAUREA

Non si tratta del mio primo lavoro dopo la laurea, ma ancora oggi mantengo un legame con i membri del mio vecchio team. A proposito, ora lavoriamo tutti in banche diverse o abbiamo avviato le nostre società.

Sono il ragazzo eccessivamente felice nel mezzo con le braccia aperte.

Benvenuti nel "mondo reale" come dice il cliché. Il cosiddetto mondo reale in realtà non è poi così male. La prima buona notizia è che dovresti finalmente essere pagato con soldi veri. Molto di quanto suggerito per gli stagisti può essere applicato ai neolaureati, ma c'è maggiore urgenza sull'argomento. L'acquisizione di competenze e la creazione di network aumentano di alcuni livelli.

In pratica l'acquisizione di abilità, che dovrebbe avvenire il più presto possibile dopo il completamento della formazione iniziale, comincia col cercare una formazione aggiuntiva o per lo meno far sapere agli altri che questo è il tuo desiderio. Nella maggior parte dei casi il tuo manager lo vedrà come un elemento positivo. In molte banche i manager vengono valutati in base ai progressi dei loro team. Ad esempio, se gestisci un team in cui molte persone vengono promosse, ciò si riflette positivamente sul manager. Lui o lei sta facendo qualcosa di giusto, inoltre rende il suo team molto attraente. Tutti vorranno lavorarci; chi non vorrebbe lavorare in un team in cui le persone avanzano nel lavoro?

Networking per il primo lavoro

Si applicano le stesse regole del networking per i tirocinanti di cui abbiamo già parlato, ma perfezionando un po' le cose. Quello che noterai subito una volta che cominci a lavorare su un trading desk è il numero di persone che hanno lavorato insieme ad un certo punto della loro carriera. Questo vale non solo per i trader, i gestori patrimoniali e i market maker, ma anche per i team che si occupano di marketing e che hanno spesso avuto contatti tramite lavori precedenti.

Uno dei tuoi obiettivi come nuovo membro di un team è quello di mostrare una certa flessibilità e di essere aperto a concedere favori, ad esempio scambiare gli orari di lavoro con un collega se lavori su una posizione aperta 24 ore su 24. Come spiegato in precedenza, questa flessibilità non include _mai_ richieste non etiche. Essere immorali ti creerà problemi fin da subito e vedrai letteralmente sfumare la tua carriera.

In molte aziende sperimenterai una certa quantità di turnover del personale. Mantieni il più possibile legami stretti con le persone che ti piacciono di più. Diventeranno la tua fonte di notizie per ciò che sta accadendo in altre aziende, oltre ad avere così accesso ad un altro network. In cambio, sarai la loro fonte di notizie nella tua azienda o altrove. Un altro punto del quale dovresti essere consapevole è che anche se le persone lasciano le aziende, potrebbero sempre ritornare in un anno o due!

CAPITOLO 11
IMPLICAZIONI DI VITA SOCIALE

Molti libri sulla carriera saltano questa parte perché può toccare certi nervi scoperti, ma io sono noto per essere sempre diretto e quindi ne parleremo. Il mondo del trading e dell'investment banking a volte può sembrare solo una grande festa (al di fuori del lavoro). Diversi fattori contribuiscono a questa immagine, in primo luogo il fatto di avere un buon stipendio. Nella maggior parte dei casi, avrai uno stipendio che ti consente un maggiore intrattenimento rispetto al soggetto medio. Nel caso in cui non lo fai, non devi preoccuparti perché ci saranno tante riunioni aziendali. In Scandinavia, dove risiedo per una parte dell'anno, c'è una cosa chiamata "Friday bar", o "fredag bar" in danese, dove le banche o le aziende organizzano feste ogni venerdì presso la sede dell'azienda. Posso solo dire che mi sono goduto tutti i miei Friday bar senza alcun incidente. Sfortunatamente non posso dire lo stesso per tutti, soprattutto per i nuovi arrivati. Durante questi eventi devi sempre saperti controllare, ma divertendoti. In effetti ti diverti molto! E anche sul tema alcol, specialmente se sei ancora nelle proprietà del tuo datore di lavoro, sarebbe meglio andarci cauti.

Alle feste di Natale aziendali cercavo di andarmene sempre prima che le cose diventassero troppo folli. *Non* ero si certo un angelo, quello che io ei miei amici abbiamo sempre fatto è stato portare la festa *altrove*, lontano dalla vista di tutti i nostri colleghi che avremmo dovuto rivedere il lunedì mattina. È qualcosa a cui dovresti pensare.

Incontri sul lavoro

Incontri sul lavoro, è successo in ogni posto in cui abbia mai lavorato. Dal mio lavoro estivo come camp consuelor a New York durante i miei giorni da universitario, fino alla gestione di team di bancari in Europa. Durante il periodo in cui ho lavorato come dipendente ho visto molte persone incontrarsi e finire per sposarsi, quindi esistono anche i lieto fine.

Gli appuntamenti sul lavoro sono a tua discrezione. Alcuni degli ovvi "assolutamente no": uscire con il tuo capo o molestare persone per avere un appuntamento non solo ti faranno licenziare o rischiare una causa, ma potresti anche finire in un tribunale penale a doverti difendere. L'idea migliore sarebbe quella di uscire con persone che non fanno parte del tuo luogo di lavoro. Per essere chiari, io ho avuto frequentazioni nel luogo in cui lavoravo e, rispetto agli appuntamenti fuori dal lavoro, sembrava essere tutto meno complicato e stressante. Alla fine sarai tu a dover decidere cosa è meglio per te, e nell'attuale contesto legale piuttosto suscettibile io starei molto attento.

Non vorrai mica avere un incontro nel bel mezzo della giornata lavorativa? Resisti all'impulso, le poche volte che ho visto accadere una cosa del genere è <u>sempre</u> finita male per le persone coinvolte.

CAPITOLO 12
ESERCIZI DI VALUTAZIONE FINANZIARIA GCMS

Questo esame di valutazione è stato progettato per fornire un feedback sulla conoscenza dei principi di base dei mercati dei capitali. Le domande dovrebbero portarti a fare una riflessione, ma non dovrebbero essere eccessivamente impegnative dato che queste sono solo le basi. La maggior parte degli esami raramente richiede più di un minuto per domanda, quindi, per essere realistici, dovresti metterti alla prova con questo periodi di tempo (un minuto) come riferimento. Se hai problemi, dovresti cercare di frequentare una formazione pratica o leggere dei libri per colmare le lacune.

Tieni presente che solitamente gli esami completi contengono tra le 50 e le 100 domande, quindi questo è da intendersi solo come un "antipasto".

Esercizi di Valutazione Finanziaria GCMS

1. Quale delle seguenti affermazioni sul comportamento per la gestione del risparmio è la più accurata?

(a) I previsti aumenti di reddito incoraggiano gli individui a risparmiare di meno
(b) Tassi di interesse più elevati rendono gli individui meno disposti ad effettuare operazioni di trading sul consumo attuale per il consumo futuro
(c) Nessuna delle precedenti

2. La deviazione standard è una misura di

(a) Né rischio né rendimento
(b) Rendimento
(c) Sia rischio che rendimento
(d) Rischio

3. Un titolo azionario negoziato sul mercato con volumi elevati viene chiamato

(a) Titolo liquido
(b) Titolo illiquido
(c) Titolo di valore
(d) Titolo di crescita

4. Quale delle seguenti non è una tipica via d'uscita per un Investitore di Private Equity?

(a) IPO
(b) NCD
(c) Riacquisto
(d) Vendita strategica

5. Quando la Fed alza i tassi di interesse, qual è l'impatto previsto sull'inflazione?

(a) Diminuzione
(b) Nessun impatto
(c) Aumento

6. Cos'è il FOMC?

(a) Federal Official Market Corp
(b) Federal Office Market Committee
(c) Federal Open Market Committee

7. Cosa misura il CPI?

(a) Pressione aziendale
(b) Inflazione
(c) Spesa dei consumatori

8. Perché le medie mobili sono utili come strumento di trading?

(a) Alcuni studi dimostrano che sono migliori rispetto ad altri strumenti di analisi
(b) Forniscono segnali di trading perfetti
(c) Rendono più facile l'individuazione di un trend

9. È possibile fare trading sul forex alle 3 del mattino durante la settimana?

(a) Sì, il mercato è aperto 24/6
(b) Sì, ma solo per le valute asiatiche
(c) Solo se approvato da un dealer senior

10. Qual è lo scopo di uno stop order?

(a) Bloccare le perdite in un'operazione di trading
(b) Bloccare le perdite su una posizione chiusa
(c) Aiutare i nuovi trader

11. In che momento un trader dovrebbe aspettarsi la maggiore volatilità del mercato consultando un report?

(a) Quando il report è notevolmente diverso dalle aspettative
(b) Quando il report è come previsto
(c) Quando il report è leggermente diverso dalle aspettative

12. Quali elementi possono influenzare il mercato forex?

(a) Rapporti sull'occupazione/lavoro
(b) La quantità di neonati in Messico
(c) Il numero di persone che utilizzano le notizie via cavo nel corso della settimana

13. Un modello che descrive la relazione tra rischio e rendimento atteso e viene utilizzato nella determinazione del prezzo dei titoli è meglio conosciuto come

(a) Modello Beta
(b) Ipotesi di mercato efficiente
(c) Security market Line
(d) CAPM

14. Il rischio viene misurato in base

(a) Alla volatilità
(b) Ai tassi di interesse
(c) Ai rendimenti
(d) Nessuna delle precedenti

15. Un'obbligazione zero-coupon avrà un rischio _____ zero

(a) Rischio di reinvestimento
(b) Rischio di tasso di interesse
(c) Rischio di inadempienza
(d) Rischio di inflazione

16. Sei un commerciante internazionale che fa affari con il Messico. Nel prossimo futuro acquisirai una grande quantità di pesos e temi che il loro valore diminuirà. In che modo puoi proteggere la tua posizione?

(a) Vendi contratti futures in pesos
(b) Vendi contratti futures in dollari
(c) Acquisti contratti futures in pesos
(d) Nessuna delle precedenti

17. Johan si aspetta 15.000 dollari in regalo da suo zio. Riceverà il denaro entro un mese. Johan ha in programma di investire il 50% del suo regalo in azioni. I recenti trend dei prezzi delle azioni indicano che i prezzi stessi potrebbero aumentare. Le prossime elezioni possono smorzare lo spirito dei trader, soprattutto se il governo dovesse decidere di adottare una politica economica rigorosa. Sulla base delle informazioni fornite, cosa dovrebbe fare Johan se volesse beneficiare del breve rialzo dei prezzi delle azioni?

(a) Acquistare futures/opzioni su indici long
(b) Acquistare azioni dal mercato spot prendendo del denaro in prestito
(c) Futures su indici di vendita short
(d) Nessuna delle precedenti

18. I rendimenti dell'azione A e dell'azione B hanno un coefficiente di correlazione di −1. Quando il prezzo dell'azione A raggiunge un apprezzamento del 12%, come si comporterà il prezzo dell'azione B.

(a) Deprezzamento del 12%
(b) Apprezzamento del 12%
(c) Deprezzamento del 6.0%
(d) Rimane invariato

19. Se un'obbligazione viene venduta con un premio

(a) Il suo tasso cedolare è inferiore al tasso di mercato
(b) È un investimento interessante
(c) Il rendimento composto realizzato sarà inferiore al rendimento a scadenza
(d) Il suo rendimento attuale è inferiore al tasso cedolare

20. Il NASDAQ è

(a) Il NASDAQ (acronimo di National Association of Securities Dealers Automated Quotations) è una borsa valori americana
(b) Una sezione del NYSE in cui avvengono operazioni di trading su titoli tecnologici
(c) Il simbolo del trading di una società acquatica quotata sull'Amex

Troverai la scheda con le risposte giuste alla fine del libro.

CAPITOLO 13
DOMANDE AL CANDIDATO NEL COLLOQUIO FINANZIARIO

Le domande del colloquio presentate di seguito devono essere utilizzate come indicazione su cosa aspettarsi durante un colloquio tipico. In questa guida potrai prepararti al meglio formulando le tue risposte a diverse versioni delle domande. Con qualcuno o da solo, dovrai sentirti il più a tuo agio possibile con il TIPO di domande. Tutto questo con l'obiettivo di renderti il più lucido possibile.

I datori di lavoro cercano candidati con le seguenti capacità: Contenuto, Abilità Pratiche o Abilità Adattive.

- Contenuto: Conoscenza specifica del lavoro, ad esempio (trading, lingua, codifica, programmazione, ecc.)

- Abilità Pratiche: Abilità sviluppate in seguito a lavori o attività precedenti che il datore di lavoro trova preziose, ad esempio (organizzazione, guida, sviluppo, comunicazione, ecc.)

- Competenze Adattive: caratteristiche personali come l'essere affidabile, saper lavorare in squadra, essere motivato, puntuale, ecc.

Qual è la strategia ottimale per rispondere a questo tipo di domande?

Devi rispondere con una panoramica dell'attività o del problema, delle azioni specifiche che hai intrapreso e del risultato finale delle azioni stesse. La tua risposta dovrebbe contenere tutti i punti seguenti.

Problema: Il nostro team ha registrato una performance insufficiente, errori di trading superiori alla media.

Azione Specifica: Ho creato e condotto sessioni di formazione per migliorare le capacità di esecuzione delle operazioni di trading.

Risultato: Abbiamo ridotto gli errori di trading del 50 percento.

Spiegazione delle scelte

- Parlami di te e guidami attraverso il tuo CV. Offrimi un breve riassunto della tua storia lavorativa.
- Per quale motivo hai scelto la tua università?
- In quali materie hai fatto meglio o peggio?
- Raccontami della tua esperienza all'università o alla scuola di specializzazione.
- Per quale motivo hai lasciato la tua ultima posizione?
- Cosa hai imparato su te stesso durante il tuo ultimo lavoro?
- Parlami dei motivi per cui hai scelto questo settore.
- Fornisci alcuni esempi di come hai utilizzato le tue capacità migliori.

- Qual è il tuo principale punto debole?

- Quali sono stati i tuoi maggiori successi e le maggiori realizzazioni? Come li hai raggiunti?

- Quali sono stati i fallimenti che hai dovuto superare e cosa hai imparato da loro?

- Parlami del tuo più grande rimpianto.

Motivazioni

- Quali sono i tuoi risultati/realizzazioni più significativi?

- Cosa ti motiva?

- Quali sono stati identificati come i tuoi punti di forza principali?

- Cosa ti attrae di questa posizione?

- Quali eventi hanno avuto un impatto sulla tua vita?

- Che tipo di attività ti piacciono?

- Parlami di qualcosa che ti riguarda che non posso conoscere dal tuo CV.

- Cosa faresti se non dovessi lavorare per soldi?

- Cosa fai per divertirti?

- Dove ti vedi tra 2-3 anni?

Lavoro di squadra

- Descrivi un momento nel quale hai avuto difficoltà durante il lavoro in team. Come hai agito? Qual è stato il risultato?

- Che cosa avete fatto nello specifico per promuovere il lavoro del team e la cooperazione tra individui e gruppi in una situazione aziendale? Quale era la tua motivazione? Quanto sono state efficaci le tue azioni?

- Parlami di un manager con cui hai lavorato e che rispetti profondamente. Quali sono le caratteristiche di questa persona che la rende efficace e stimolante come leader di un team?

- Che ruolo ricopri di solito in un team?

Come affrontare l'incertezza

- Parlami di un progetto su cui hai lavorato che risultava essere in continua evoluzione ed imprevedibile. Come l'hai gestito?

- Descrivi una situazione in cui tu o le persone intorno a te vi sentivate a disagio a causa della mancanza di indicazioni o linee guida. Come hai reagito e quali sono stati i risultati?

Iniziativa

- Fornisci un esempio di una volta in cui hai lavorato ad un progetto/lavoro importante con poca o nessuna supervisione. Come hai proceduto? Qual è stato il risultato?

- Qual è il miglior esempio di come la tua iniziativa ha fatto la differenza nel raggiungimento dei risultati necessari?

- Descrivi un progetto in cui sei andato oltre ciò che ci si aspettava da te.

- Qual è il miglior esempio che puoi fornire in cui ti sei assunto un rischio calcolato in una situazione incerta, per perseguire un obiettivo desiderato?

Costruzione di Relazioni

- Descrivi un'esperienza in cui hai dovuto superare una forte resistenza nei confronti delle tue idee o iniziative. Descrivi il tuo pubblico, la natura del problema di cui hai discusso e i passi che hai intrapreso per influenzare il gruppo.

- Ricorda un momento in cui hai persuaso gli altri a fare ciò che volevi.

- Fornisci il miglior esempio possibile di come hai lavorato con successo dietro le quinte per influenzare una decisione aziendale importante.

Leadership

- Fornisci un esempio di una situazione in cui sei riuscito a migliorare le prestazioni di un'altra persona. Cosa ha portato alla situazione?

- Descrivi una situazione in cui hai dovuto assumere la supervisione di un dipendente? Come hai agito?

- Fornisci alcuni esempi delle tue capacità di leadership.

- Cosa direbbero di te i membri del tuo team se chiedessi loro un feedback sulla tua leadership?

Creatività

- Fornisci un esempio di quando hai individuato opportunità di business per generare profitti. Come hai intrapreso la ricerca di quell'opportunità? Qual è stato il risultato?

- Descrivi una situazione in cui hai suggerito un approccio creativo per la risoluzione di un problema. È stato accettato?

- Di recente ti è capitato di suggerire una nuova idea a qualcuno? Qual è stata l'idea e cosa l'ha spinta?

- Qual è l'idea più creativa/innovativa che hai portato a termine?

- Fornisci un esempio in cui hai risolto un problema con una soluzione creativa.

Integrità

- Raccontami di una volta in cui hai fatto una promessa che si è rivelata difficile da mantenere. Che cosa hai potuto fare per risolvere la situazione?

- Hai affrontato una situazione in cui qualcuno non è stato trattato in modo equo? Come hai agito? Qual è stato il risultato?

- Parlami di una volta in cui hai messo gli interessi di qualcun altro prima dei tuoi. Cosa hai pensato mentre consideravi la tua decisione? Come ti sei sentito riguardo alla tua scelta?

Bravo studente

- Descrivi un momento in cui sei entrato in una nuova situazione e hai dovuto acquisire rapidamente le conoscenze per capire cosa stava accadendo. Quali strumenti hai utilizzato? Qual è stato il risultato?

- Come rispondi alle domande che riguardano contenuti che non conosci?

Team e Cultura

- Descrivi quale sarebbe per te un ambiente ideale.

- Cosa ti piace di più dell'ambiente in cui lavori attualmente? Quali aspetti del tuo attuale lavoro stai cercando di evitare per il tuo prossimo impiego?

- Cosa pensi richieda questa posizione e quanto bene soddisfi i requisiti?

- Descrivi le aree più rilevanti e specifiche del tuo background che dimostrano quanto tu sia qualificato per questo lavoro.

- Cosa conta di più per te per la tua prossima posizione lavorativa?

- Come definisci lo stress e come lo gestisci?

- Perché sei interessato a questa posizione?

- Che cosa ti interessa nella nostra azienda?

- Parlami dei motivi per cui hai scelto questo settore.

In Chiusura

- Perché dovremmo assumerti?

- Perché pensi di essere la persona ideale per questa posizione?

- Cosa ti rende diverso dagli altri candidati?

- Hai delle domande da farmi?

CAPITOLO 14
RISORSE

Alcuni dei miei altri libri che hanno dimostrato di poter aiutare studenti e neolaureati. A proposito, molti di loro sono disponibili anche in spagnolo:

Programmazione Algo:

Programmazione di Expert Advisor per Principianti: Strategie Massime di Profitto Forex MT4.

Analisi Tecnica:

Spiegazione dell'Analisi Tecnica per il Forex

Blockchain:

Blockchain: Comprensione e Applicazioni nel Mondo Reale

Siti web:

Uno dei migliori siti per la ricerca di lavoro e articoli relativi ad investment banking e finanza in generale: https://www.efinancialcareers.com/

Formazione pratica sui mercati dei capitali e coaching professionale:

https://www.gcmsonline.info/

CONCLUSIONI

Grazie per essere arrivato alla fine di *Come Ottenere Il Primo Lavoro o Tirocinio nel Mondo della Finanza*. Spero che tu possa averlo trovato informativo e in grado di fornirti alcuni strumenti aggiuntivi per raggiungere i tuoi obiettivi di assicurarti un lavoro nel mondo finanziario, che sarà sempre una grande sfida. Il passo successivo è quello di fare pratica con le domande del colloquio finché non diventeranno naturali. Se vuoi approfondire ulteriormente questi argomenti, puoi visitare il mio sito web per trovare altre opzioni.

Buona fortuna!

L'AUTORE

Wayne Walker dirige una società che si occupa di consulenza e formazione sui mercati di capitale globali (gcmsonline.info). Vanta diversi anni di esperienza nella guida e nel coaching di team di consulenti per gli investimenti, oltre ad aver gestito team con le migliori prestazioni in un Gruppo di Clienti Privato basato sul Bench Mark Earnings (BME). Inoltre, è noto per aver aiutato molti a trovare i loro primi posti di lavoro nel settore finanziario.

Risposte alle domande della valutazione GCMS

1 - A
2 - D
3 - A
4 - B
5 - A

6 - C
7 - B
8 - C
9 - A
10 - A

11 - A
12 - A
13 - D
14 - A
15 - A

16 - A
17 - A
18 - A
19 - D
20 - A

www.ingramcontent.com/pod-product-compliance
Lightning Source LLC
Chambersburg PA
CBHW051540240526
45465CB00028B/1731